Collection
Les histoires du kakawi

Étienne

les conversations emberlificotées

écrit par
Sylvie Mathieu

illustré par
Nick Boisvert

Éditions
ROUTOUTOU

1030, rue Saint-Alexandre, Montréal (Québec) Canada H2Z 1P3

© 1997 Les Chansons du Kakawi Inc.

Publié par Éditions Routoutou, Montréal

Conception et mise en page : Nancy Lafrance

Première édition

Cet ouvrage a été achevé d'imprimer en novembre 1997
Dépôt légal 3ᵉ trimestre 1997

ISBN : 2-921941-06-6

Données de catalogage avant publication (Canada)

Mathieu, Sylvie, 1945-

    Étienne : les conversations emberlificotées

    (Collection Les histoires du kakawi)
    Pour enfants.

    ISBN 2-921941-06-6

    I. Boisvert, Nick. II. Titre. III. Collection.

PS8576.A828E84 1997   jC843'.54   C97-941275-7
PS9576.A828E84 1997
PZ23.M37Et 1997

Imprimé à Montréal

Le kakawi est un canard de mer et de lacs profonds. C'est un plongeur émérite qu'on peut trouver dans tous les ports, furetant autour des bateaux petits et grands. C'est probablement parce qu'il est intéressé par les beaux récits de voyages…

Le kakawi a entendu tellement d'histoires qu'il a maintenant décidé de nous en raconter quelques-unes.

C'est pour cela que nous avons décidé de donner le nom de kakawi à toutes les personnes qui racontent des histoires.

Mais il y a différentes manières de demander une histoire… Pour se faire raconter une des histoires du kakawi, il faut absolument connaître la phrase magique.

Pas de phrase… pas d'histoire !

Voici la phrase magique :

Kakawi, kakawi
mon joli canard…
s'il te plaît, raconte-moi
…encore une histoire.

Et un vrai kakawi doit toujours répondre :

Bon !

'était l'année où Étienne
avait enfin appris à siffler !

La merveille des merveilles s'était produite alors qu'Étienne venait tout juste d'avoir quatre ans et demi !

L'aventure avait commencé lorsqu'un oiseau à tête bleue
—assurément un oiseau magique— s'était confortablement
installé sur la main d'Étienne et lui avait dit :

ce qui en langage d'oiseau magique veut dire « *Salut !* ».
Étienne était resté ébahi parce qu'il avait compris !
Il s'est donc empressé de répondre :

Mais l'oiseau avait éclaté de rire parce qu'Étienne lui
avait dit « *Tu pues !* ».

> — Tu pues, tu pues, tu pues…!, répétait l'oiseau
> de sa voix moqueuse.

Étienne n'aime pas beaucoup qu'on le taquine mais…

...ce jour-là, il avait réalisé qu'il lui restait encore bien des choses à apprendre.

— Je peux t'aider si tu veux, lui avait offert cet étrange oiseau à tête bleue.

— Merci. Tu es vraiment très gentil. Quel est ton nom? Pourquoi as-tu la tête toute bleue? D'où viens-tu? Où habites-tu?

— Je m'appelle Maurice et je suis né comme ça. J'habite là-bas, à l'orée du bois, tout en haut du grand chêne où tu joues tout le temps.

Étienne l'a examiné quelques instants avant de rendre son verdict.

— Je crois que tu es unique!

— Ah?!

— Ma maman m'a dit que c'est très bien d'être unique. Moi aussi je suis unique. Nous serons donc de très bons amis.

Ayant ainsi statué, Étienne lui a demandé :

— Est-ce que tu connais ça, toi, l'orino… euh… l'ortino… C'est difficile, je ne m'en souviens plus… Tu viens jouer ?

Étienne ne savait pas encore que cet oiseau à tête bleue, magique et unique, qui se nommait Maurice, était aussi un joueur de tours…!

Pour bien comprendre la suite des événements, il faut revenir un peu en arrière, au printemps.

C'est à ce moment-là qu'Étienne avait reçu de belles jumelles en cadeau d'anniversaire. Son papa lui avait dit :

— C'est pour t'aider en orni…

Mais Étienne n'avait pas pris le temps d'écouter, il était déjà parti à la recherche des oiseaux !

Printemps

Il y avait déjà quelques oiseaux avec lesquels Étienne s'était familiarisé.

La **mésange**, qui est un peu vaniteuse, le saluait toujours.

♪ *J'suis jolie-lie-lie...* ♪
♪ *j'suis jolie-lie-lie* ♪

disait-elle en souriant.

Par contre, le **colibri** ne lui parlait jamais! Il était toujours occupé à parler aux fleurs, mais ses ailes faisaient « *bzzz, bzzz* ».

> — C'est peut-être comme ça qu'il me parle...?

Et Étienne avait pris l'habitude de dire « *Bzzz, bzzz* » au colibri, juste au cas...!

Le chant du **geai bleu** :

♪ *J'ai, j'ai, j'ai une* ♪ *vieille poulie* ♪

et le salut du **tyran tritri** :

♫ *Dis? Dis?* ♪ *Dis, comment vas-tu?* ♫

étaient faciles à reconnaître et, à force de les saluer, Étienne s'était lié d'une solide amitié avec eux.

Avec ses jumelles, Étienne avait découvert une **grive** qui nourrissait trois **grivons** toujours affamés.

♪ Petit filou, ♫ petit filou! ♫

Le même jour, il avait été surpris par un
chardonneret susceptible qui n'aimait pas
beaucoup qu'on s'approche des nids.

> — Petit filou! Petit filou!

Étienne a tenté de lui expliquer :

> — Je ne fais rien de mal… je voulais
> juste voir les nids…,

mais l'oiseau ne l'avait pas compris.

Un beau matin, près de la clôture de la grange et bien camouflé dans les hautes herbes, Étienne avait vu un **gogluchon** venir au monde…

...sous l'oeil attendri de sa maman goglu!

♪ Gogluglou... ♫
Bonjour oisillon ♪
♫ Gogluglou... ♪
Ce que tu es mignon ♫

Été

C'est son ami Maurice qui lui avait fait
faire la connaissance d'une famille de…

♪ Tchip tchip tchips… ♪
♪ Tchip tchip tchips ♪

…moineaux qui jacassaient sans arrêt.

Croyant qu'ils lui offraient des croustilles,
Étienne avait répondu :

— Non merci, je n'ai pas faim…,

ce qui les a fait pouffer de rire !

Étienne avait rougi tout rouge, tout gêné
de s'être encore trompé.

— Je n'aime pas ça qu'on me taquine !

Mais Étienne ne savait toujours pas
comment s'expliquer en langage oiseau.

L'instant le plus mémorable de cet été-là est celui de sa première rencontre avec un **kakawi**! Tout fier des nouveaux chants et salutations que son ami Maurice lui avait enseignés, Étienne lui dit:

Le joli canard lui a nasillé un…

♪ Couâ-couâ-couâ-ouîîîî ♪ couâ-couâ-ouîîîî! ♪

tellement rapide et tellement fort qu'Étienne prit cela pour un signe de mécontentement.

— Je… euh… Je m'excuse de vous avoir dérangé…!

Étienne était tout penaud et bien déçu que le kakawi ne veuille pas être son ami — du moins, c'est ce qu'il croyait.

Automne

L'automne arrivé, Étienne parlait oiseau !
Ce qui était dommage, c'est que la
grande majorité de ses nouveaux amis
s'envolaient pour des climats
plus cléments.

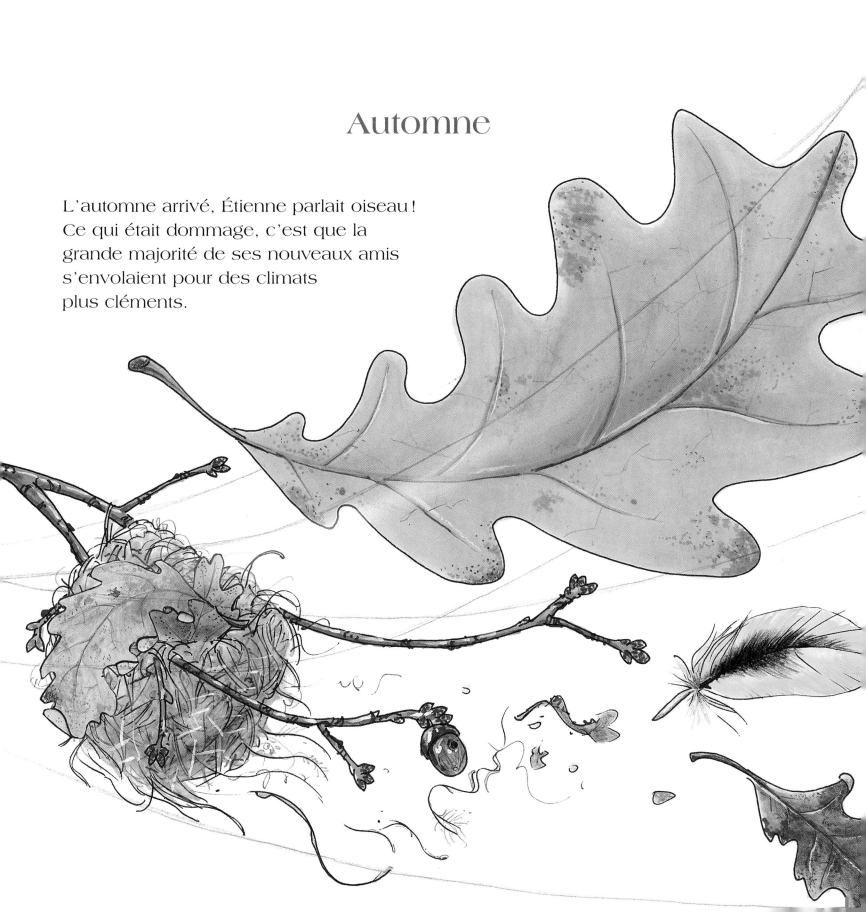

Étienne avait découvert un message énigmatique écrit sur une des feuilles dorées de son grand chêne.

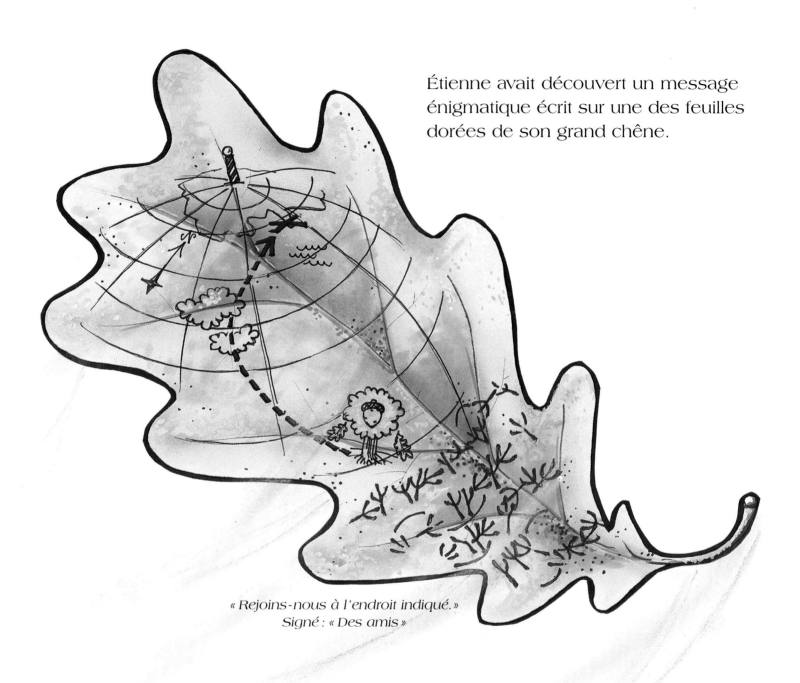

« Rejoins-nous à l'endroit indiqué.»
Signé : « Des amis »

Pour connaître ces mystérieux amis, Étienne s'accrocha à une brise d'automne passagère.

Le **martinet** l'accompagna un bout de chemin ♪ Où vas-tu ? ♪ Où vas-tu ? ♪
puis retourna s'installer dans la cheminée.

L' **hirondelle** vint le saluer ♪ Reviens vite ♫ Reviens vite ♪
avant de regagner le toit de la grange.

Les merles, eux, se rassemblaient, mais ils avaient décidé d'attendre encore un peu avant de partir pour le sud.

♪Regardez! Regardez!♪ ♪Étienne s'est envolé!♪ piaillaient-ils en riant.

Étienne avait été
secouru par une belle
sarcelle et c'est solidement accroché à
son cou qu'il voyageait maintenant. Il était si haut qu'il
pouvait voir tout le pays, les lacs, les montagnes et même la mer !

Il a été doublé par un **cardinal** tout rouge et Étienne était bien
étonné de le voir rendu si loin.

Il a même croisé un **engoulevent** qui sortait pour sa chasse nocturne.

Encore plus au nord, un **malard** rassemblait ses troupes pour le grand départ, alors qu'un **goéland**, flegmatique, cherchait la mer de ses yeux perçants en tentant d'y découvrir des bancs de poissons.

Hiver

Étienne avait ainsi voyagé
longtemps, longtemps…

La sarcelle l'avait déposé sur une banquise, à l'endroit indiqué,
avant de s'envoler elle aussi vers le sud.

Étienne commençait à être très fatigué.

Et puis il a commencé à neiger.

Étienne avait froid. Il s'ennuyait de sa maison, de ses parents et aussi de son ami Maurice.

Il se demandait où pouvaient bien être ces mystérieux amis qui l'avaient fait voyager si loin.

C'est alors qu'il a vu le kakawi, qui, tout près de là, lui faisait des signes. « *Viens ici !* »
Étienne, qui a toujours été plus curieux que prudent, s'est approché.

Quelle ne fut pas sa surprise quand le kakawi lui a ouvert les bras…! euh… les
ailes, pour qu'il puisse s'y reposer et s'emmitoufler bien au chaud.

   — Tu veux donc être mon ami ? lui demanda Étienne, tout content.

   — Évidemment, et puisque nous sommes maintenant des amis, je vais te faire
     un cadeau.

— Ah oui ?! J'aime particulièrement ça, moi, les cadeaux.

Le kakawi s'est approché très, très près et lui a chuchoté à l'oreille :

— Le mot que tu cherches est ornithologie.

Étienne a répété bien lentement OR-NI-THO-LO-GIE. Il était surtout très fier d'être enfin devenu l'ami du kakawi.

Étienne se préparait donc à s'endormir quand, tout surpris…

…il a entendu : ♪ *Bonne nuit Étienne !* ♭

    — Mais…?!

C'était son autre ami, Maurice, qui s'était caché dans la poche de son blouson… eh oui !, et qui l'avait suivi jusqu'au pôle Nord !

Quand la situation est trop étonnante, on cesse de s'étonner. Étienne s'est donc endormi non sans avoir admiré le féérique spectacle offert par les aurores boréales.

Étienne était surtout content d'être avec ses deux meilleurs amis.

Et maintenant, le Kakawi dit…

. . . l'histoire est finie !

Entends le chant
écoute les sons
de tes amis
petit pinson

« Oui mais… est-ce qu'Étienne va revenir ? »

« Quand Étienne s'est réveillé, il était tout au chaud, bien couché, dans son lit ! »

« Comment ça se fait ? »

« Je te le dirai plus tard. Maintenant, c'est le temps de dormir. »

La chanson d'Étienne

Petit oiseau des plaines
Tu chantes et tu gazouilles
Petit oiseau des plaines
Étienne, Étienne
Une mésange, un colibri
Un geai tout bleu, tyran tritri
Comme le chant d'un kakawi.

Étienne gazouille
Comme un pinson

Petit oiseau des cieux
T'as un an, t'es curieux
Petit oiseau des cieux
Étienne, Étienne
Comme une grive, un chardonneret
Moineau des villes, goglu des prés
Alouette, gentille alouette.

Étienne sourit
Drôle de chanson

Petit oiseau du vent
Tu grandis, tu t'envoles
Petit oiseau du vent
Étienne, Étienne
Un martinet, une hirondelle
Jaseur des cèdres et petit merle
Sur les ailes vertes d'une sarcelle.

Étienne s'envole
Sur l'air du vent

Oiseau du sud, du nord
Tu es beau, tu es fort
Oiseau du sud, du nord
Étienne, Étienne
Un cardinal, un engoulevent
Comme un malard, un goéland
Qui virevolte, beau temps mauvais temps.

Étienne s'endort
Chut... tout doucement

Le petit pont
Ruisseau-aux-Roches
CIRCA 1996

Le petit pont
Ruisseau-aux-Roches
Clairière du soleil levant

Le 28 décembre 1997
Bonjour Étienne

Je crois que l'oiseau que
tu as dessiné est une paruline.
Mais je peux me tromper.
Est-ce que tu le connais,
toi, le secret de la
moutarde ?
ta cousine, Gisèle

Étienne le Siffleur
4, chemin des cailloux
A/S des Quatre-Saisons
La Grange-aux-oiseaux

Illustration : Nick Boisvert Imprimé au Canada

Une histoire d'oiseaux
pour mon Capitaine
qui en connaît très bien
toutes les fredaines